LE MARECHAL
COMTE DE CASTELLANE
DEVANT L'HISTOIRE

ETUDE SUR SA VIE A L'OCCASION
DE LA BENEDICTION DE LA CHAPELLE DE SAINT-BONIFACE
LE 5 JUIN 1865

SE VEND AU PROFIT DE L'ERECTION DE SA STATUE
SUR LE TERRE-PLEIN DE SAINT-BONIFACE

Prix : 50 centimes.

LYON
CHEZ CHARLES MERA
Rue Impériale, 15
ET CHEZ TOUS LES LIBRAIRES.

1865

LE
MARÉCHAL COMTE DE CASTELLANE [1]
DEVANT L'HISTOIRE

Ubi fides vis.

Près de trois années se sont écoulées depuis la mort du maréchal comte de Castellane, trois années pendant lesquelles nul n'a oublié ce grand caractère de soldat dont il fut l'un des plus glorieux modèles. Le soldat, c'est l'homme transformé, l'homme ennobli, l'homme dévoué, l'homme obéissant, l'homme qui veille, et, disons-le, l'homme de la force, mais de la force légitime et juste. Le maréchal de Castellane fut un soldat, il ne fut et ne voulut être qu'un soldat dans la plus grande et la plus noble acception du mot; il fut droit comme une épée, calme comme un principe et inflexible comme la discipline militaire avec laquelle il ne transigeait jamais; et l'histoire, quand elle écrira les pages héroïques de sa vie, dira qu'il a rétabli l'ordre et le respect de l'autorité dans l'armée comme aussi dans les provinces placées sous son commandement. Il fut encore l'homme de la volonté forte, agissante et

---
[1] Propriété réservée.

persistante. Habile à juger les hommes et les choses, il avait en quelque sorte l'intuition de ce qui devait être et il agissait dirigé par le mobile du bien. Né et appelé à vivre dans une époque de démocratie, il préféra être la force que l'idée, tout en se réservant, avec ce coup d'œil qui est le signe des grands caractères, de créer un terrain stérile aux doctrines qu'il n'approuvait pas et un sol fertile aux pensées qu'il croyait utiles au bien général, opposant aux premières la passivité de l'inaction et donnant aux secondes toute l'énergie d'impulsion qui distinguait sa nature. De là son action sur l'armée et sur la France, sur l'armée qu'il a toujours glorifiée, sur la France qu'il a servie pendant près de soixante ans.

Quelle a été l'action du maréchal de Castellane sur les populations lyonnaises ? il avait cette popularité du respect et de la reconnaissance qui en avait fait le premier citoyen de Lyon. Aussi son nom vivra dans notre histoire comme une personnalité destinée à devenir légendaire. Si le peuple l'appelle *Castellane* comme il appelle la chapelle de Saint-Boniface *le tombeau du Maréchal*, c'est qu'il retrouve en lui l'une des pages de ce livre qui s'écrit dans la mémoire de tous et qui a pour nom : La tradition militaire.

Le comte de Castellane est mort debout et il est resté debout dans nos souvenirs; il l'était plus que jamais le 5 juin 1865 où il recevait, lui mort, les hommages de toute une ville, de toute une armée qu'il dominait encore; il passait en quelque sorte sa dernière revue, rappelant ainsi le souvenir du *premier grenadier de France*. On dira du maréchal de Castellane qu'il est mort l'épée à la main sur le champ d'honneur du devoir militaire. A lui ne s'appliquera jamais la ballade de Burger : *Les morts vont vite ;* et s'il nous était permis d'émettre un vœu, nous voudrions qu'à chaque anniversaire du 5 juin, l'Armée de Lyon vînt défiler devant son tombeau pour rendre un éternel hommage à l'idée de l'ordre qu'il a plus particulièrement représentée ici.

Combien d'hommes, le lendemain des funérailles, sont déjà oubliés! Il est vrai de dire que le comte de Castellane a laissé tant de traces de son commandement de douze années à Lyon, que pour lui l'oubli est impossible. Le camp de Sathonay est son œuvre, toutes les routes qui entourent le camp ont été faites par ses ordres et par son armée. On lui doit ce magnifique quartier de cavalerie de la Part-Dieu qui forme toute une ville militaire. Le champ de manœuvre du Grand-Camp a été créé par lui et, parmi tous ces travaux dont nous n'avons pas besoin de signaler l'importance, il n'oubliait que lui-même et il n'a jamais songé que l'ancien hôtel de Varisson pouvait être indigne de recevoir un maréchal de France et un Castellane.

Aux natures trempées comme la sienne, à cette virilité d'action de tous les jours comme à cette dureté qu'il avait pour lui-même, élève-t-on des statues sur les places publiques? nullement. Le maréchal de Castellane ne doit pas servir d'ornement plus ou moins bien combiné à l'angle d'un carrefour. Sa place n'est pas sur le terrain de la foule et il a eu trop de modestie et trop de vraie grandeur pour qu'il soit utile de le glorifier en l'élevant de quelques mètres au-dessus du passant distrait.

Il nous a été assuré que le maréchal de Castellane avait dans différentes circonstances refusé soit le commandement de l'Armée de Paris, soit la grande Chancellerie de la Légion-d'Honneur. Cette dernière position aurait du reste bien peu convenu à l'activité qui le débordait. Il aurait, paraît-il, demandé à l'Empereur de lui laisser le commandement de l'Armée de Lyon tant qu'il serait capable de le servir, ajoutant, qu'il désirait mourir dans cette ville, s'il ne pouvait plus remplir le poste de haute confiance dont il était investi. Il fut maintenu à Lyon et c'est alors qu'il fit élever à ses frais la chapelle de Saint-Boniface (1).

Ce petit monument, trop rapidement construit, ne pouvait durer et, peu de temps après la mort du maréchal, il était menacé d'une ruine prochaine. C'est alors que, sur l'initiative du Génie et la proposition de M. Vaïsse, le Conseil municipal vota le crédit nécessaire à sa reconstruction. Le maréchal Canrobert présida à cette réédification, et, par respect pour les volontés du comte de Castellane, le monument nouveau fut en entier l'œuvre de l'armée. Peu de modifications furent apportées au plan primitif.

L'extérieur du monument est une masse de granit d'un beau caractère; à l'intérieur, on marche d'abord sur le monolithe en granit que le maréchal avait fait exécuter sous ses yeux et où ses restes reposent sous une massive plaque de marbre, avec l'inscription : *Ci-gît un soldat*. A droite et à gauche sont deux statues, un Grenadier et un Dragon, dues à la puissante inspiration qui dirige toujours le ciseau de M. Guillaume Bonnet.

A droite et à gauche deux marbres noirs rappellent les titres du maréchal comte de Castellane et la date de la fondation de la chapelle. Sur le mur qui fait face à l'entrée, on voit les armes des Castellane et les nombreuses décorations que le maréchal avait l'habitude de porter; au-dessous, deux couronnes funéraires soutenues par des écussons aux armes de l'Armée et de la ville de Lyon portant les inscriptions suivantes : *Au maréchal de Castellane l'armée de Lyon*; et *Au maréchal de Castellane la ville de Lyon*.

Enfin, dans un espace demi-circulaire est placé l'autel qui est protégé par une voûte d'inspiration ogivale dont l'ornementation est formée d'un grand nombre de caissons

---

(1) Nous devons à une communication obligeante la description de l'intérieur de la chapelle.

représentant des sujets emblématiques empruntés aux divers corps de l'armée : Etat-major, Artillerie, Génie, Infanterie, Cavalerie, Intendance, etc., etc.

Au-dessous de la voûte se trouve une frise supportée par une série d'arcs ogivaux entre lesquels on a sculpté des bâtons de maréchal entourés de la devise du maréchalat : *Terror belli, decus pacis* et des épées alternativement droites ou renversées.

Ces sculptures, dont l'exécution est très-remarquable, ont été faites par un caporal du Génie et par quelques soldats du camp de Sathonay.

L'ornementation est complétée par des plaques en marbre noir, sur lesquelles est gravé le bref de Sa Sainteté qui accorde des indulgences spéciales à la chapelle de Saint-Boniface. Au-dessus de l'autel sont écrites les paroles suivantes extraites du testament du maréchal :

« *Je désire être enterré dans la chapelle de Saint-Boniface, construite par les soldats du camp de Sathonay. La pensée que mon corps reposera dans ce tombeau, l'œuvre des soldats, moi soldat dans l'âme, et que mes cendres seront déposées dans ce beau pays de Lyon, que j'affectionne, m'est agréable et douce.* »

Nous avons dit que cette chapelle était l'œuvre de l'armée. Le projet a été étudié par M. le capitaine Varaigne, sous les ordres de MM. Champanhet, colonel directeur des fortifications, et Duval, lieutenant-colonel chef du Génie.

Cette chapelle, à l'extérieur, a toute la gravité d'un monument funéraire, à l'intérieur toute la grâce que donne une ornementation très-soignée. Son profil général a beaucoup de grandeur, et la critique ne pourrait demander autre chose que le remplacement de la croix de granit qui nous a paru un peu grêle. On arrive à la chapelle par huit degrés ; aux deux côtés sont placées des chaînes, reliant douze bombes avec leurs flammes. La grille qui ferme la chapelle est d'un dessin et d'un travail qui méritent d'être signalés. Enfin, de l'autre côté du chemin et un peu au-dessous de la chapelle est une petite maison de bon style pour le garde du tombeau.

Le 5 juin 1865, cette chapelle a été bénie par M. l'abbé Faivre, aumônier du camp de Sathonay, et délégué pour cela par Son Éminence Monseigneur le Cardinal-Archevêque de Lyon. Un assez grand nombre de membres du clergé étaient placés sur l'un des côtés de la chapelle. A huit heures et demie, trois brigades d'infanterie, une brigade de cavalerie, deux batteries d'artillerie et des détachements de toutes armes prenaient position aux abords de la chapelle et se déployaient dans toute la longueur du chemin de Saint-Boniface, sur le quai et sur le plateau de Caluire. A neuf heures, Son Excellence M. le maréchal Canrobert avec cette courtoisie qui le caractérise toujours, offrait le fauteuil d'honneur à Madame la comtesse de Beaulaincourt, fille du comte de Castellane, à la droite de laquelle il fit placer M. Thierry Brolemann, président du Conseil municipal, se plaçant lui-même à sa gauche et ayant à ses côtés M. le Sénateur Chevreau et M. le premier-président Gilardin. Tout autour un grand nombre d'officiers-généraux ou supérieurs ; M. de la Saussaye, recteur de l'Académie ; MM. les Maires de Lyon, les membres du Conseil municipal ; MM. les Conseillers à la Cour impériale et les chefs de toutes les administrations ; M. le marquis Lyonel de Castellane assistait aussi à cette cérémonie, qui avait pour but de glorifier encore la noble race à laquelle il appartient ; quelques personnes appartenant à la plus haute société de Lyon et qui formaient en quelque sorte la famille d'affection du comte de Castellane ; plus loin enfin toute une légion de médaillés de Sainte-Hélène et un grand nombre d'ouvriers.

A neuf heures, une salve d'artillerie a annoncé le commencement de la messe, qui a été précédée d'une courte allocution de M. l'abbé Faivre, aumônier du camp de Sathonay.

Après la messe, un discours fort élégant de M. Thierry Brolemann, auquel M. le maréchal Canrobert a répondu par des paroles heureuses comme il sait les dire. Son Excellence a remercié la ville de Lyon et l'Armée de cet hommage rendu à la mémoire de l'illustre maréchal de Castellane, et il s'est honoré d'avoir envers lui la douce obligation de la reconnaissance pour les bontés qu'il en a reçues depuis trente ans et toutes les fois qu'il fut placé sous ses ordres. Enfin, M. le sénateur Chevreau, qui s'est identifié d'une manière si complète avec les sentiments lyonnais, a dit que l'amitié du maréchal de Castellane envers Lyon honorait trop la seconde ville de l'Empire pour qu'elle n'ait pas été heureuse de rendre à sa mémoire et aux services qu'il a rendus, un hommage éclatant, et il a pris l'engagement, au nom de la ville, de veiller indéfiniment sur son tombeau.

De la vie plus intime du comte de Castellane faut-il donc parler ici ? Disons seulement qu'il se distinguait par une extrême courtoisie d'homme du monde et de gentilhomme, qu'il était aussi connu des salons que de l'armée et du peuple ; qu'il était l'homme de la charité, faite de toutes les manières, mais toujours avec la dignité et la réserve imposée par la condition des personnes, et que dans toutes les classes beaucoup se plaisent à dire qu'ils ont été les obligés du comte de Castellane.

Reste-t-il encore un vœu à former en présence de cette vie si noblement remplie? Il manque quelque chose devant la chapelle de Saint-Boniface, il y manque la statue du maréchal comte de Castellane.

Cette statue serait placée sur le terre-plein en face du tombeau ; elle dominerait l'horizon des montagnes du Lyonnais ;

elle n'aurait pas autour d'elle les bruits de la rue, elle n'en serait que plus digne de rappeler le souvenir de celui dont la vie a été aussi modeste dans la forme que brillante par le caractère personnel et par les honneurs dont il fut revêtu.

En dehors de la ville de Lyon qui n'a pas hésité à ouvrir un crédit pour la réédification de la chapelle de Saint-Boniface, il y a l'opinion publique et les sympathies reconnaissantes des habitants de la cité ; c'est à celles-ci qu'il conviendrait de faire appel pour élever la statue du comte de Castellane.

Nous verrions avec bonheur les journaux de Lyon ouvrir une souscription dans ce but, et nous sommes persuadés que son Excellence le maréchal Canrobert autoriserait l'Armée à élever un monument de granit et de bronze pour compléter ainsi le premier travail si bien réussi de la chapelle mortuaire, travail qui a eu lieu par ses ordres.

Ce serait du reste placer la statue du comte de Castellane sur ce terrain militaire où il a voulu vivre et mourir, et ce dernier hommage que nous osons espérer et désirer pour lui, serait un enseignement qui dirait à tous que le maréchal de Castellane appartenant à la première noblesse de France, et, parti comme simple soldat le 2 décembre 1804, est mort en chrétien et maréchal de France commandant le 4e corps d'armée, le 16 septembre 1862, fidèle à sa devise : *Honos ab armis.*

FELIX DE PETTOLAZ.

Lyon, le 5 juin 1865.

P. S. Nous sommes heureux de publier les discours prononcés sur la tombe du maréchal comte de Castellane par MM. le maréchal Canrobert, le sénateur Chevreau, Thierry Brolemann et l'abbé Faivre. Quand de tels hommes affirment la haute valeur et les nombreux et glorieux services de toute la vie militaire du comte de Castellane, n'est-ce pas dire que la ville de Lyon s'associe tout entière aux nobles paroles qu'ils ont prononcées et que la respectueuse popularité de son nom ira toujours en augmentant, protestant ainsi contre l'action de la mort qui, si elle a pu détruire l'homme, n'effacera jamais le pieux et reconnaissant souvenir qui se rattache à sa mémoire. F. DE P.

DISCOURS DE M. L'ABBÉ FAIVRE
Aumônier du camp de Sathonay.

« *Quid sibi volunt isti lapides ?* »
« Lorsque vos enfants vous demande-
« ront ce que signifient ces pierres,
« vous leur direz qu'elles rappellent
« la mémoire d'une protection di-
« vine. » (*Exode.*)

Ainsi parlait, en élevant un monument sacré, Moïse à son peuple, dans la mémoire duquel il voulait éterniser les bienfaits divins.

Et tel doit être le langage de tout Lyonnais, en réponse à l'étranger qui demanderait, un jour, l'idée qui a voulu la construction de ce sanctuaire : C'est, dira-t-il, le souvenir d'un bienfait du ciel !

Bien loin de ma pensée, messieurs, la présomption, déplacée, d'essayer même un résumé de la noble vie de M. le maréchal comte de Castellane; cette épitaphe, si laconiquement militaire, qu'il a dictée lui-même, la dit en entier :

Ci-gît un soldat ! et le texte qu'on lit en regard et qui est extrait de ses dernières volontés en est la plus éloquente paraphrase (1).

(1) Il l'écrivait le jour même où son attachement aux Lyonnais lui dictait le refus de la grande-chancellerie.

« Je veux reposer, lisons-nous, dans le sol tant de fois remué
« par les mains et battu par les pieds des soldats que j'ai com-
« mandés.

Mais ce que je tiens à proclamer à l'aide de mon texte, c'est le bienfait divin pour Lyon, dont la mémoire, je le répète, est à jamais consacrée pour la pieuse cité.

Il y eut, à seize ans de nous, un jour, un triste jour, où la France eut à trembler pour les intérêts de l'ordre, mais Dieu, pour sauver la France, Dieu lui avait ménagé l'Empereur. Que la France, pour son bonheur, ne l'oublie jamais !

Ce jour fut plus menaçant pour la grande cité de l'industrie; Dieu, par l'Empereur, lui donne pour gardien un soldat vigilant; tous, nous avons admiré ce grand chef infatigable à l'œuvre. Le désordre, honteux de ses tentatives, a laissé le champ libre à la sécurité la plus complète. Voilà, certes, un premier bienfait du ciel ! Ce monument le proclamera donc à tout jamais avec la reconnaissance du Lyonnais :

Ità sibi volunt isti lapides !

Autre bienfait du ciel, de ce ciel que nous oublions trop dans la sécurité d'ici-bas, et le ciel inspira son grand factionnaire de l'ordre, en lui disant de protester haut contre toute idée qui n'est pas le ciel, ou qui n'est pas du ciel ; or, ce fut ainsi protester bien haut qu'implanter publiquement et par les mains d'une armée, une croix, une prière, le dogme si consolant de l'indulgence catholique. C'était, à la manière de l'Empereur, reconnaître qu'on ne gouverne, qu'on ne commande pas sans Dieu.

L'histoire nous dit à peine, et en hésitant, les noms peu certains de ces vieux Egyptiens, dont les vaniteux monuments n'ont résisté à quarante siècles que pour s'incliner devant les gloires de nos armes, et les saluer en les attestant; mais ces noms douteux et leurs monuments ont-ils légué autre chose aux générations qu'une bouffissure de l'orgueil humain abritant une cendre inconnue ? De ces temps nébuleux à l'histoire contemporaine on ne trouve qu'un homme, qu'un fait, qu'un monument ressemblant à tout ce qui s'est ici passé; c'est Charles-Quint, cet autre vigoureux soldat, avec sa retraite volontaire et sa tombe disposée de son vivant dans la solitude de l'Estramadure.

Or, penser ainsi de sang-froid, du sein des honneurs et dans la sécurité des triomphes, au néant de sa vie, en prévoir la fin avec calme, disposer et dicter tout un détail funèbre, afin qu'il soit mieux ombragé par la croix militairement implantée, voilà, messieurs, un sublime exemple, une grande leçon, une prédication majestueuse de notre foi ; c'est ici comme un enseignement profond à la portée de tout un peuple, comme à la disposition du plus humble passant qui se recueillera devant cette croix ; cette prédication est un autre bienfait du ciel ;

Ità sibi volunt isti lapides !

Mais il en est encore un autre dans l'initiative empressée qu'a bien voulu prendre, dès l'installation de son commandement parmi nous, le noble et généreux soldat-chef dont la pensée réunit en ce jour l'élite de nos concitoyens. Avec quelle délicatesse, avec quel zèle n'a-t-il pas voulu substituer un monument plus durable et plus digne au premier jet ou à l'essai résultant des pensées que nous méditons ! Oh ! que le ciel, que j'invoque en bénissant ce sanctuaire, bénisse aussi longtemps, parmi nous, les actions généreuses par lesquelles il est l'expression si vraie des volontés de l'Empereur ; que le Seigneur exauce ses vœux et ceux que forment avec lui, pour son bonheur et celui de sa noble et gracieuse compagne, tous ses nobles amis de l'armée et de la cité qu'il protége !

O mon Dieu ! bénissez aussi ces administrateurs, ces magistrats éminents, dont le cœur a fait écho à celui de notre premier chef militaire, et qui tous ont compris qu'il eût été bien indigne de Lyon de voir trop tôt des ruines recouvrir un tombeau si précieux.

Bénissez l'ami distingué qui, présidant avec zèle aux intérêts de cette commune, a su les concilier, en ménageant la donation, délicatement offerte par ses administrés, de cette splendide retraite·

Bénissez encore avec lui cette phalange de soldats-ouvriers qui, à la manière des enfants d'Esdras, et sous la direction de leurs savants chefs, ont prouvé une fois de plus que l'épée de la France mêle à sa bravoure, et la science et les arts, et l'habileté du burin ;

enfin, qu'on sait élever, dans nos camps, un temple au Dieu des armées, aussi bien qu'un bastion contre les ennemis de la France.

Bénissez enfin ma prière, ô mon Dieu ! cette prière d'humble prêtre, qui prend un caractère grave et solennel en se mêlant aux accents guerriers, à la grande voix du bronze des combats; que, selon la pieuse pensée qui a dressé cet autel, elle obtienne indulgence et repos pour le noble défunt, et paix de l'âme à toute l'assistance empressée qui vient ici s'édifier; c'est la grâce que je vais implorer du Très-Haut.

DISCOURS DE M. THIERRY BROLEMANN
Président du Conseil municipal.

Messieurs,

Un pieux devoir nous réunit autour de cette tombe, qui s'est fermée devant nous, il n'y a pas encore trois ans.

D'autres douloureuses obsèques n'ont pas effacé le triste souvenir de cette journée de deuil.

En effet, qui de nous ne se rappelle les funèbres honneurs rendus ici même à celui qui en était si digne ?

Qui n'a encore devant les yeux la marche solennelle de ce cercueil, ayant pour escorte une armée et toute une population sympathique ?

Qui ne croit même entendre encore les adieux éloquents où les regrets de l'amitié se mêlaient à l'hommage officiel rendu au maréchal de France ?

Toutes nos émotions se réveillent à l'aspect de ces lieux; et comment n'en pas éprouver, surtout en lisant le titre que garde à un grand dignitaire de l'empire la simple pierre qui abrite son sommeil ?

Ci-gît un soldat : telle est son épitaphe, sincère autant que modeste, car c'était un soldat, un bon et loyal soldat, que le maréchal comte de Castellane.

Courageux, infatigable, dur envers lui-même, il a vécu en soldat, et, lorsque sont venues pour lui la vieillesse et la souffrance, il a marché, toujours marché. Esclave de son devoir, il a travaillé jusqu'à la dernière heure, et debout, ferme devant la mort, c'est encore en soldat qu'il a fini.

Attaché de cœur à la ville de Lyon par les services qu'il lui avait rendus et dont il la savait reconnaissante, fidèle aux affections comme aux habitudes qui avaient rempli les dernières années de sa vie, il a voulu reposer après sa mort non loin des lieux qui lui avaient été chers.

Mais, si, pour réaliser ce légitime désir, le maréchal de Castellane s'est, de son vivant, préoccupé de sa sépulture, il n'a pas, du moins, cherché les jouissances de l'orgueil en s'érigeant un somptueux mausolée.

Son monument a été simple, un édifice léger, trop peu durable même, car à peine l'humble chapelle funéraire élevée sur le terrain offert par la commune de Caluire et sous le vocable de saint Boniface avait-elle reçu son précieux dépôt que déjà des indices d'altération présageaient la ruine prochaine de cette éphémère construction.

C'est donc, il faut le dire, dans un sentiment de conservation, comme aussi de respect et de gratitude, que la ville et l'armée de Lyon ont, d'un commun accord, entrepris de la rééditier plus solidement, tout en lui conservant son premier caractère de simplicité.

La ville a fourni les matériaux ; l'armée a donné son travail.

Aujourd'hui l'œuvre est achevée et nous sommes ici pour la consacrer.

Nous inaugurons la chapelle nouvelle, gardienne des cendres du populaire et vénérable maréchal. Qu'elles y reposent en paix !

C'est son successeur, un autre brillant soldat, digne héritier de son grand commandement et de ses sentiments pour notre ville, qui a pris l'initiative de cette touchante cérémonie.

Que Son Excellence me permette de l'en remercier ici au nom du Conseil municipal.

C'est encore au nom de ce même corps, organe de la ville de

Lyon, et devant l'asile consacré par les regrets et la prière, que ma voix se joint, avec un respectueux empressement, à celles qui rendent un dernier hommage à la mémoire du maréchal comte de Castellane.

DISCOURS DE S. EXC. M. LE MARECHAL CANROBERT

Messieurs,

Avant de terminer cette pieuse et imposante cérémonie, vous permettrez à celui que la confiance du souverain a appelé à l'honneur de succéder au célèbre chef objet de tant de regrets et auquel il porta, pendant plus de trente ans, une respectueuse affection, de venir remercier la municipalité de Lyon et M. le sénateur préfet du Rhône du généreux concours accordé par la Ville à l'Armée pour réédifier le mausolée sous lequel a voulu reposer le maréchal de Castellane.

Grâce à ce délicat concours, les soldats, dirigés par un habile officier supérieur du génie, ont pu donner à ce monument la solidité et l'aspect majestueusement sévère, qui convenaient à la dernière demeure du grand soldat qui nous a laissé de si beaux exemples.

Les soldats d'aujourd'hui, comme ceux des âges futurs, en passant devant ce tombeau, sanctifié par la religion, glorifié par l'éclat des armes, s'inspireront des sentiments élevés d'honneur, de patriotisme et d'inébranlable dévouement au devoir dont le maréchal comte de Castellane fut, ici-bas, une des plus nobles et des plus énergiques personnifications.

Messieurs de la municipalité, monsieur le sénateur, je vous remercie, de nouveau, au nom de l'Empereur et de l'armée.

DISCOURS DE M. LE SENATEUR

Monsieur le maréchal,

Personne ici ne devrait parler après vous ; mais, si vous nous remerciez au nom de l'Empereur et de l'armée, au nom de la ville de Lyon, je dois vous remercier à mon tour de vos cordiales paroles.

Je voudrais vous dire ce qu'elles empruntent d'autorité à notre admiration pour vos services, à notre affection pour votre personne; mais votre modestie ne me permettrait pas de vous louer devant la tombe d'un frère d'armes.

Vous venez de nous rappeler l'origine de ce monument; la ville de Lyon en a voté les fonds; l'armée a voulu l'élever de ses mains. Aujourd'hui encore la ville et l'armée se réunissent pour l'inaugurer. Cette communauté, ce mélange de sentiments et de volontés prouvent que, si le maréchal était aimé par ses soldats comme un chef, les citoyens de Lyon le considéraient comme leur protecteur, comme leur ami; il maintenait sévèrement la discipline, qui fait la force, et avec cette force il maintenait l'ordre, rendant ainsi service à tout le monde, ouvriers et fabricants, car sans l'ordre, l'ordre absolu dans la rue, il n'y a ni sécurité, ni prospérité pour personne.

Le Conseil municipal n'a donc été que l'interprète du sentiment public en donnant à votre illustre prédécesseur un témoignage durable de sa reconnaissance et de son estime.

Le maréchal Castellane aimait la ville de Lyon; il s'était attaché à elle par les soins qu'elle lui avait coûtés, par les services qu'il lui avait rendus; il n'a pas voulu être séparé d'elle, même par la mort; la ville, de son côté, ne sera pas infidèle à sa mémoire.

Je suis heureux, monsieur le maréchal, que la population civile ait trouvé l'occasion de rendre à l'armée, dans la personne d'un de ses chefs, tout ce qu'elle lui doit de sympathie et de respect pour son courage, son abnégation, son dévouement à l'Empereur et au pays.

Lyon. — Imp. d'A. Vingtrinier.

Lyon — Impr. d'A. Vingtrinier.

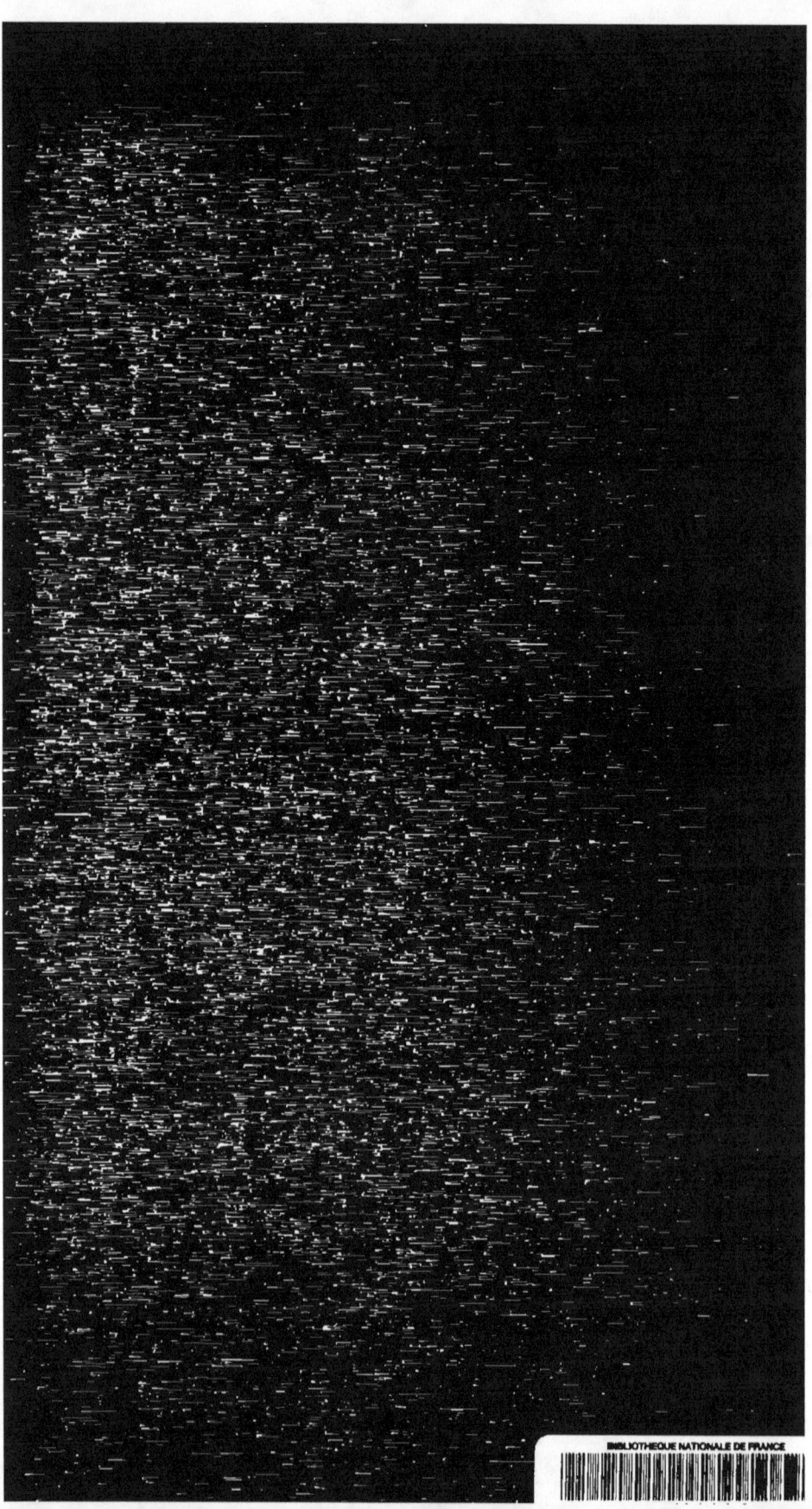

www.ingramcontent.com/pod-product-compliance
Lightning Source LLC
Chambersburg PA
CBHW062001070426
42451CB00012BA/2514